Les Fourberies de Mariette

Comédie en trois actes
D'après *Le Malade imaginaire*
de Molière

© 2022, Élisa Bligny-Guicheteau,
www.elisa-autrice.com
ISBN 978-2-3224244-7-4

Il était une fois… la Comédie-Française

« En 1670, à Paris, trois troupes de théâtre coexistent : celle du Marais, celle de l'hôtel de Bourgogne et celle du Palais-Royal, dirigée par Molière. Après la mort de ce dernier, en 1673, les comédiens du Marais rejoignent la troupe des comédiens de Molière, sur ordonnance royale. Cette nouvelle troupe, dont le chef est La Grange, s'installe à l'hôtel Guénégaud, rue Mazarine.

La disparition de La Thorillière, chef de la troupe de l'Hôtel de Bourgogne, dernière rivale à Paris de la troupe de Molière, va entraîner une ultime jonction. Le 18 août 1680, un ordre du roi enjoint aux deux dernières troupes de comédiens français établis dans Paris de jouer dorénavant ensemble.

Le 21 octobre 1680, une lettre de cachet, signée à Versailles, consacre la fondation d'une troupe unique, composée de 27 comédiennes et comédiens choisis par le roi pour leur excellence, dans le but de "rendre les représentations des comédies plus parfaites".

Le 5 janvier 1681, les Comédiens-Français se lient entre eux, selon les anciennes traditions des troupes théâtrales, par un acte d'association qui ne sera jamais remis en cause. »

(cf. comedie-francaise.fr)

Les Fourberies de Mariette
d'Élisa G. Bligny

Première création

Festival de théâtre de l'Atelier de Comédie de Veneux (juin 2022).
Dans une mise en scène de
Frédéric Tuvache et Élisa G. Bligny

Synopsis

Monsieur Orgon rêve de devenir comédien. Pour cela, il a promis en mariage Annabelle, sa fille, à monsieur Maxinte, directeur de théâtre. Lequel, en retour, s'est engagé à monter une pièce dans laquelle monsieur Orgon tiendrait le rôle principal. Mais Annabelle, éprise de Clément, refuse d'épouser cet homme qui a deux fois son âge. Il va falloir toute la ruse de Mariette, la servante, pour éviter ce mariage et permettre à Annabelle d'épouser l'homme qu'elle aime.

ACTE I

Scène 1 – Messieurs Orgon et Maxinte, Mariette

Orgon
Il exagère la prononciation
A... E... I... O... U... Les chaussettes de l'archiduchesse sont-elles sèches ? archisèches ?

Monsieur Maxinte entre en scène.

Orgon
A... E... I...

Maxinte
Ah ! mon ami ! Je vous trouve encore en plein travail. Veillez à ménager votre voix, je vous prie.

Orgon
Cher monsieur Maxinte. Entrez, entrez. M'apportez-vous de bonnes nouvelles ?

Maxinte
On ne peut meilleures ! J'ai trouvé un metteur en scène pour notre pièce. Vous pourrez commencer à répéter dès la semaine prochaine. Et, bientôt, nous ne parlerons plus que de vous dans les rubriques artistiques de tous les journaux.

Orgon
Dieu vous entende ! *(Pause)* Permettez !
Jouant très mal.
« Allons, qu'on m'ôte tout ceci, il n'y a personne ; j'ai

beau dire, on me laisse toujours seul ; il n'y a pas moyen de les arrêter ici. *Il agite une clochette.* Drelin ! drelin ! Ils n'entendent point, et ma sonnette ne fait pas assez de bruit. Drelin ! drelin ! drelin ! ils sont sourds. » Alors, comment me trouvez-vous ? Parlez sans crainte.

Maxinte

Parfait !

En aparté.

Qu'il est mauvais !

Tout haut.

Quel talent !

En aparté.

C'est effrayant !

Tout haut.

Je vous prédis un triomphe. Mais dans l'attente, qu'en est-il de ma demande en mariage ? Votre fille y est-elle favorable ?

Orgon

Je n'ai pas encore eu le loisir de l'informer de vos intentions, mais elle sera fort honorée et n'ira pas à l'encontre de cette résolution.

Maxinte

Fort bien, fort bien. Je vais de ce pas chez mon notaire afin de finaliser les termes de notre contrat. La gloire pour vous et une femme aimante et docile pour moi.

Orgon
En aparté.
Docile, docile… Ne le détrompons pas !
Maxinte
Il se rapproche d'Orgon.
Vous disiez ?
Orgon
Rien, rien… *Il agite la clochette.*
Mariette entre en scène.
Mariette
Voilà, voilà, on vient…
Orgon
Tout haut.
Allez, Monsieur Maxinte, je ne vous retiens pas. Et revenez vite avec notre contrat. De mon côté, je m'en vais informer ma fille que, bientôt, elle aura le bonheur d'avoir un époux.
Monsieur Maxinte sort.
Mariette
Je vois que vous n'avez pas renoncé à cet hymen forcé.
Orgon
De quoi te mêles-tu ?
Mariette
Vous devriez avoir honte de sacrifier votre fille pour une gloire qu'on vous fait espérer.
Orgon
Veux-tu bien te taire !
Il tousse.
File donc me préparer ma potion. Me voilà tout enroué

à force que tu me fasses crier. Et dis à Annabelle qu'il me faut l'entretenir sur-le-champ.

Annabelle entre en scène.

Mariette
La voilà qui a deviné vos pensées, pauvre enfant !

Orgon
Dehors !

Mariette sort en courant.

Scène 2 – Orgon et Annabelle

Annabelle
Bonjour, mon père, vous semblez bien contrarié.

Orgon
C'est la faute de cette maudite servante. Mais assieds-toi donc près de moi. Je dois t'entretenir de choses importantes.

Annabelle
Je suis tout à votre écoute.

Orgon
Tu connais mon cher ami Monsieur Maxinte.

Annabelle fait oui de la tête.

Orgon
Il est venu ce matin m'annoncer une nouvelle réjouissante.

Annabelle
Serait-ce à propos de votre pièce ?

Orgon
Oui mon enfant, mais ce n'est pas là le plus important.

Annabelle
Comme je suis bien heureuse pour vous !

Orgon
Merci, mais il n'est pas ici question de moi. Monsieur Maxinte, qui est un ami des arts et un grand directeur de théâtre, nous fait un immense honneur.

Annabelle
C'est fort aimable de sa part.

Orgon
Il m'a demandé ta main, que je lui ai accordée.

Annabelle
Que vous lui avez accordée ?

Orgon
Oui.

Annabelle
Ma main ?

Orgon
Es-tu sourde ?

Annabelle
Sans m'avoir même consultée.

Orgon
Depuis quand un père consulte-t-il sa fille pour la marier ?

Annabelle
Depuis qu'il se soucie d'elle.

Orgon
Et c'est bien parce que je me soucie de ma fille qu'elle va épouser l'homme que je lui destine. Monsieur Maxinte est un excellent parti.

Annabelle
Un parti qui a le double de mon âge.

Orgon
Et alors ?! Épouse-t-on un homme pour son âge ?

Annabelle
Il est vrai que l'on connaît des motifs bien plus inavouables.

Orgon
Que veux-tu dire ?

Annabelle
Qu'ici la promesse d'une consécration l'emporte sur une tendre affection.

Orgon
Prends garde ! Te voilà aussi impudente que cette maudite servante. À force de la côtoyer, tu as pris de ses mauvais côtés.

Annabelle
D'une voix plus douce.
Je suis désolée de vous avoir chagriné, mais je vous supplie de bien vouloir reconsidérer votre décision, par amour pour moi.

Orgon
Estime-toi heureuse que, par amour pour toi, je ne châtie pas ton effronterie comme elle le mériterait.

Annabelle
Mon père, avec tout le respect que je vous dois, je n'entends pas épouser monsieur Maxinte…

Orgon
Ma fille, avec tout le respect que tu me dois, tu l'épouseras.

Annabelle
Mon père, vous ne pouvez…

Orgon
Ma fille, vous m'obligeriez…

Annabelle
Mon père…

Orgon
L'affaire est entendue. Tu épouseras monsieur Maxinte, comme convenu. Et puis en voilà assez, il me faut ma potion. Mariette ! Mariette !

Il sort.

Annabelle
Quelle infortune !

Scène 3 – Annabelle et Mariette.

Annabelle sanglote. Mariette entre en scène.

Annabelle
Ah ! Mariette, me voilà dans l'affliction. Mon père veut me voir épouser Monsieur Maxinte, un affreux barbon que je connais à peine et qui, pour le peu que je l'ai vu, ne m'inspire que répulsion.

Mariette
Je lui avais bien déconseillé de vous y forcer, mais le vieil homme est plus têtu qu'un troupeau de mules.

Annabelle
Je ne puis me résoudre à lui obéir…

Mariette
Sans doute à cause d'un certain jeune homme que, depuis quelques semaines, vous rencontrez en secret. Le jeune clerc du notaire de Monsieur Maxinte.

Annabelle
Comment l'as-tu découvert ?

Mariette
Par le plus grand des hasards, en allant faire une course non loin de son office. Je vous ai vus tous deux vous embrasser.

Annabelle
Oh ! mon Dieu ! Me voilà bien embarrassée.

Mariette
N'ayez crainte, je sais me taire.

Annabelle
Alors, Mariette… (*Elle marque une pause.*)

Mariette
Alors, quoi ?

Annabelle
Ne le trouves-tu pas charmant ?

Mariette
Assurément.

Annabelle
N'a-t-il pas les plus beaux yeux ?

Mariette
À mille lieues.

Annabelle
Mais comment désobéir à mon cher père ?

Mariette
Votre cher père qui veut vous marier de force…

Annabelle
Je t'en prie, Mariette, n'aurais-tu pas une idée pour me sortir de ce guêpier ?

Mariette

Il m'en vient une. Puisque votre père se pique de jouer la comédie, nous allons lui ouvrir les portes du théâtre le plus prestigieux, la Comédie-Française. Mais nous aurons besoin de l'aide de votre amant pour mener à bien la supercherie.

Annabelle

Mariette, quelle alliée précieuse tu fais ! Allons trouver Clément et, en chemin, n'omets aucun détail de notre plan de bataille.

Elles sortent.

Noir

Acte II

Scène 1 – Orgon, Annabelle, Clément et Mariette.

Orgon

En robe de chambre avec son bonnet de nuit sur la tête.
Mariette... Mariette…
Il s'assied sur son fauteuil et agite la clochette
Mariette ! Mariette ! Mais où te caches-tu, à la fin ?!
Mariette entre en scène.

Mariette
Voilà… Voilà…

Orgon
Et mon lavement du matin ? Faut-il que j'aille le chercher moi-même ?

Mariette
Il est bien question de votre lavement alors qu'un certain monsieur Clément Boucicaut de la Comédie-Française demande à être reçu.

Orgon
De la Comédie-Française ? Mais qu'il entre !
Il enlève son bonnet et le jette derrière son fauteuil.

Clément
Entrant en scène.
Cher Monsieur Orgon, quel honneur de pouvoir enfin vous rencontrer !

Orgon
En faisant la révérence.
Mais tout l'honneur est pour moi.

Clément
Avec emphase.
Vous avez aussi belle prestance qu'on le dit.

Orgon
On exagère, je vous assure.

Clément
Votre réputation a franchi les portes de notre illustre maison. Et c'est la raison pour laquelle vous nous feriez une immense grâce en acceptant d'en faire partie.

Orgon
Entrer à la Comédie-Française ? Moi ? Mariette, va mander ma fille qu'elle apprenne la nouvelle.
Mariette sort.
À Clément.
N'existe-t-il pas un examen d'entrée, une audition ?

Clément
Non. Toutefois, notre maison est une grande famille et elle n'accepte que les personnes d'une même lignée.

Orgon
D'une même lignée ?

Clément
Oui, d'une même famille si vous préférez. L'ennui réside donc dans le fait que vous n'êtes pas le père de l'un de nos chers membres, ni même le frère. Et c'est à l'heure l'unique moyen pour entrer au Français.

Orgon

De la même famille ? C'est fâcheux…

Il regarde Clément, réfléchit.

Votre père est-il toujours de ce monde ?

Clément

Oui.

Orgon

Contrarié

Dommage !!!

Clément

Mais il me vient une idée. J'ai entendu à l'instant que vous aviez une fille.

Orgon

Oui.

Clément

Est-elle mariée ?

Orgon

Pas encore.

Clément

En prenant son temps, comme s'il réfléchissait.

Eh bien, voilà qui est un heureux hasard. Considérant votre immense talent, nous pourrions accepter que vous soyez simplement le beau-père de l'un d'entre nous. Ainsi, si, par exemple, j'épousais votre fille, vous deviendriez mon beau-père, et vous pourriez entrer dans notre honorable maison.

Orgon

Serait-ce possible ? Et consentiriez-vous à épouser ma fille sans la connaître ?

Clément
Pour obliger un si grand penchant, je suis prêt à tous les sacrifices ! Mais votre fille, Monsieur ? Ne trouvera-t-elle rien à redire à cet arrangement ?

Orgon
Je voudrais bien voir cela. Elle connaît sa place. Et il n'existe pas de plus grande joie pour une fille que de servir son père.

Clément
En aparté.

Quel homme égoïste et je n'ai guère de scrupules à le duper.

Scène 2 – Monsieur Orgon, Annabelle et Clément.

Annabelle entre en scène.

Annabelle
Vous m'avez fait appeler, mon père ?

Orgon
Oui, ma fille. Pour te présenter à monsieur Boucicaut, de la Comédie-Française, et t'informer de ma prochaine entrée dans cette honorable maison.

Clément
En s'inclinant, il lui baise la main.

Mademoiselle, je salue votre beauté.

Annabelle
En faisant une révérence.

Et moi, monsieur, votre prestance.

Clément
C'est un grand bonheur pour moi de vous être présenté.

Annabelle
Et moi, de juger de votre allégeance.

Clément tient toujours la main d'Annabelle qui ne le quitte pas des yeux. Ils se rapprochent comme s'ils étaient sur le point de s'embrasser.

Orgon
Il les sépare.

Eh bien, il suffit.

En aparté.

Quel est cet étrange manège ?

Tout haut.

Vous voilà bien enclins aux civilités pour des personnes qui ne se sont jamais rencontrées.

Clément
Gêné.

Il ne s'agit là que simple politesse, je vous assure. Bien, permettez que je me retire pour porter la bonne nouvelle à mes confrères sociétaires.

Orgon
Allez, je vous en prie.

Clément sort.

Annabelle
Et moi, mon père, puis-je aussi me retirer ?

Orgon
Pourquoi tant d'empressement ? Reste encore un instant.

Annabelle
C'est que j'ai affaire.

Orgon

Depuis quand as-tu affaire ?

Elle sort précipitamment.

Orgon

Voilà bien d'étranges manières. Ah, la Comédie-Française… A, E, I, O…

Scène 3 – Messieurs Orgon et Maxinte, Mariette

Mariette entre en scène.

Mariette

Monsieur Maxinte demande à vous voir.

Maxinte

Entre à reculons, l'air surpris.

Monsieur Orgon, par quel hasard étrange le clerc de mon notaire sort-il de votre logis, non sans avoir salué mademoiselle votre fille avec force empressement ?

Mariette

En aparté.

Quel fâcheux contretemps !

Orgon

Le clerc de votre notaire ? Vous devez faire erreur. Mais vous voilà bien à propos pour me féliciter.

Maxinte

Vous féliciter ?

Orgon

Vous avez devant vous un nouveau membre de la Comédie-Française. Le jeune homme que vous avez croisé vient de m'en informer.

Maxinte

Le clerc de mon notaire ?

Orgon

En aparté.

Mais qu'a-t-il donc avec ce clerc ?

Plus haut.

Vous comprendrez que ma future nomination m'oblige à reporter notre collaboration.

Maxinte

Quand est-il alors de notre arrangement ? Du prochain mariage ? Entendez-vous le reporter également ?

Orgon

Pas exactement. Disons que je me vois contraint de… l'annuler.

Maxinte

De l'annuler ? Monsieur, un contrat est un contrat. Et je sors justement de chez mon notaire…

Mariette

Puisqu'on vous dit qu'il est annulé.

Maxinte

Permettez, je ne l'entends pas ainsi !

Mariette

Au public.

Est-il bouché ?

À Maxinte.

Puisque monsieur vous dit qu'il n'y a plus de mariage.

Orgon

Parfaitement. Soyez donc honnête homme et vous trouverez chaussure à votre pied.

Maxinte
C'est vous, monsieur, qui n'êtes pas un honnête homme !

Mariette
Savez-vous à qui vous vous adressez ? À Monsieur Orgon de la Comédie-Française !

Maxinte
Sachez que je serais fort surpris qu'une maison de cette renommée vous accueille en ses murs, vu le peu de talent dont vous faites état. Et l'entremise d'un simple clerc de notaire n'y changera rien. Je ne vous salue pas, Monsieur.

Monsieur Maxinte sort.

Mariette
Qui le suit jusqu'à la sortie.

Vous faites bien de quitter les lieux ! Peu de talent… peu de talent…

Au public.

A-t-on idée d'être aussi grossier !?!

Orgon
Songeur, se parlant à lui-même

Pourquoi parler de ce clerc de notaire avec tant d'insistance ? N'y aurait-il pas là une quelconque manigance ?

Mariette
En aparté.

Je crains qu'il ne découvre la supercherie.

Plus haut.

Ce Monsieur Maxinte devrait porter des lunettes.

Confondre un comédien de la Comédie-Française avec un simple clerc de notaire. Que c'est bête !

Orgon

À lui-même.

Peut-être. Mais il me faut m'assurer qu'on n'a pas voulu me tromper.

À Mariette.

Je dois m'absenter, mes vêtements et mon manteau, sur-le-champ !

Ils sortent.

Noir

Acte III

<u>Scène 1 – Mariette et Annabelle.</u>

Mariette entre en scène, suivie d'Annabelle.

Mariette
Je crois que votre père est moins bête que nous le pensions. Et l'insistance de Monsieur Maxinte l'a bien troublé.

Annabelle
Quelle malchance que Clément soit clerc chez le notaire de l'ami de mon père !

Mariette
Ami, ami… il ne l'est plus vraiment à présent.

Annabelle
Qu'importe, mon père aura tôt fait de découvrir la tromperie s'il se rend à la Comédie-Française.

Mariette
Sans doute.

Annabelle
Et jamais il ne consentira à ce mariage, s'il en connaît tous les rouages.

Mariette
C'est sûr.

Annabelle
N'as-tu pas une idée pour m'aider ?

Mariette
C'est qu'il me faut y penser.

Annabelle
Je t'en conjure.

Mariette
Cessez de me presser de la sorte.

Annabelle
Fais vite, j'entends la porte.

Mariette
Sortez par-là, voici votre père.
Annabelle sort côté fond cour.

Scène 2 – Mariette et Orgon.

Orgon entre côté avant cour.

Orgon
Que fais-tu là à fouiner ?

Mariette
Mariette arrange le coussin du fauteuil.
Je ne fouine pas, monsieur, j'arrange votre fauteuil.

Orgon
Il lui jette son manteau et s'assied.
Je suis épuisé après toutes ces entrevues, mais enfin renseigné sur ce qui s'est tramé à mon insu.

Mariette
Vous semblez bien contrarié.

Orgon
C'est que j'ai appris de vilaines choses. À commencer par la véritable identité de ce Boucicaut. Et qu'il n'a jamais été question que j'entre à la Comédie-Française.

Mariette
Vous ne l'avez pas volé.

Orgon
Plaît-il ? Quelle insolence !

Mariette
Et à force de comploter, vous voilà bien attrapé.

Orgon
Tu uses ma patience !

Mariette
Votre fille mérite d'épouser l'homme qui lui convient et pas celui que vous lui voulez.

Orgon
Ma fille épousera qui il me plaira.

Mariette
Elle n'y consentira pas.

Orgon
Je te dis que si.

Mariette
Et moi, je vous dis que non. Et si on donne à sa fille un homme qu'elle n'aime pas, on est responsable des tromperies qu'elle fera.

Orgon
Ma fille est une ingrate qui ne pense qu'à me fâcher. Me voilà bien récompensé de tant de soins donnés.

Mariette
Vous vous trompez.

Orgon
Alors qu'elle prouve son dévouement pour moi en épousant l'homme que j'entends !

Mariette
Si vous voulez connaître les sentiments de votre fille, faites-vous passer pour mort devant elle et vous saurez ce qu'elle pense vraiment.

Orgon
Quelle drôle d'idée !

Mariette
Je l'entends qui arrive. Contrefaites le mort, fermez les yeux et vous verrez.

Orgon
C'est idiot ! Comment pourrais-je voir les yeux fermés ?

Mariette
Taisez-vous, la voici.

<u>Scène 3 – Monsieur Orgon, Mariette et Annabelle</u>

Annabelle entre en scène. Mariette est à genou, près d'Orgon et elle fait semblant de pleurer.

Annabelle
Mariette ? Que se passe-t-il ?

Mariette
Ah ! Mademoiselle ! Quel malheur ! Votre père était assis là, à me parler, et l'instant d'après, le voilà mort.

Annabelle
Mort ? Mais comment est-ce possible ? Que lui as-tu dit pour qu'il en soit ainsi ?

Mariette
Rien, je vous l'assure.

Annabelle

Elle touche le bras d'Orgon.

Père, êtes-vous mort ?

Mariette

Aucun doute possible.

Annabelle

Mon Dieu ! Quelle cruauté du sort ! Me voilà orpheline et bien triste.

Mariette

Maintenant que votre père n'est plus de ce monde, rien ne s'oppose à ce que vous épousiez monsieur Boucicaut.

Annabelle

Tu n'y songes pas, Mariette. Comment pourrais-je encore trahir mon père qui est mort, après l'avoir déjà trompé de son vivant ? Non, hélas. Pour honorer sa mémoire, je m'engage ici à ne pas le fâcher davantage.

Mariette

Et à renoncer à votre amoureux ?

Annabelle fait oui de la tête en pleurant.

Mariette

Mais votre père n'en saura rien…

Annabelle

Pleurant de plus belle.

Tais-toi, cruelle ! J'ai trop de chagrin !

Mariette

Il ne vous reste plus qu'à faire savoir à monsieur Boucicaut que vous refusez de l'épouser, bien que plus rien ne s'y oppose.

Annabelle
Je le ferai… dès que je le pourrai.
Orgon
Ne te donne pas cette peine, ma fille !
Annabelle
Ah ! mon père ! Que se passe-t-il ?
Orgon
Il se passe que je ne suis plus mort.

Mariette
Feignant une surprise exagérée.
Ah, monsieur ! Vous n'êtes point mort ?

Annabelle
Elle le serre contre elle.
Quelle joie de vous retrouver vivant !

Orgon
Et moi, de découvrir tes vrais sentiments.

Scène 4 – Orgon, Mariette, Annabelle et Clément

Mariette fait signe à Clément d'entrer en scène.

Orgon
Ah, monsieur Boucicaut, vous tombez à propos. J'ai à vous dire quelques mots.

Clément
Sur un ton hésitant.
À moi, monsieur ?

Annabelle
Mon père, je vous prie de ne point vous fâcher. Je peux tout vous expliquer.

Orgon
Ce n'est pas nécessaire.

Mariette
Je crois que Monsieur votre père a compris ce qu'il convient de faire.

Orgon
Je ne t'ai pas sonnée, impudente. Mais je reconnais que ta ruse m'a bien éclairé.

Mariette fait la révérence.

Orgon
Ma fille, pour récompenser ton doux attachement, je consens à ce que tu épouses ton prétendant.

Annabelle
Lui embrassant la main.

Oh ! merci, mon père.

Orgon
À Clément.

Et vous, Monsieur, je ne vous en veux pas de votre supercherie.

Clément
*Il se jette aux pieds d'Orgon
et lui prend l'autre main.*

Mille mercis, Monsieur. Je suis si confus de vous avoir menti.

Orgon
Qu'importe, je n'ai plus le goût à jouer la comédie.

Mariette
En aparté.

Il la joue suffisamment ici.

Orgon
Je me suis découvert une nouvelle vocation pour laquelle je me sens l'esprit fécond.

Annabelle
Et quelle est cette vocation, mon père ?

Orgon
La dramaturgie. Les aventures de tantôt m'ont soufflé l'idée de la première pièce que je vais écrire. Une comédie.

Clément
Une comédie ? Voilà une idée qui ne manque pas d'originalité !

Annabelle
Lui avez-vous déjà trouvé un titre ?

Orgon
J'hésite encore… Toutes ces fourberies… Mariette ! Cours me chercher de l'encre, je sens que l'inspiration me guette.

Mariette
Les fourberies de Mariette, voilà un titre qui me plaît bien.

Rideau

FIN

Du même auteur

L'Inspecteur Qui, *création 2015*
Le Discours, *création 2016*
Meurtre à l'hôtel Bellegarde, *création 2018*
6 000 signes, *création 2018*
La Grand-Place, *création 2019*
Votre mort est notre affaire, *création 2019*
Pièces détaillées, *création 2020*
La mort est au bout du rail, *création 2021*

Jeunesse

Il était une fois… ou pas, *création 2017*
La Vengeance d'Argadel le sorcier, *création 2022*

Wendy a disparu ! *éditions Retz, 2022*
Le procès de Molière, *éditions Retz, 2022*

AVIS IMPORTANT

Cette pièce fait partie du répertoire de la Société des auteurs et compositeurs dramatiques (sacd.fr). Elle ne peut être jouée sans autorisation.

© Élisa Bligny-Guicheteau 2022
Édition : BoD – Books on Demand, info@bod.fr
Impression : BoD – Books on Demand,
In de Tarpen 42, Norderstedt (Allemagne)
Impression à la demande

ISBN 978-2-3224244-7-4
Dépôt légal : mai 2022